Artbook

LEBEN IM LEPRADORF

Joachim Bergauer

ARCHIVARE, DER LEBENSLUST

Text: Peter Gnaiger

Betrachten Sie bitte kurz das Foto links. Ist das ein Pressebild einer Schriftstellerin? Eines Popstars? Oder gar das Titelbild eines hochglänzenden Modemagazins? Nein: Nichts von alledem. Dieses Foto zeigt Awa. Sie ist siebzehn Jahre alt und besucht noch die Schule in M'Balling. Ihr steht womöglich die Welt noch offen. Und das, obwohl sie in einem Lepradorf lebt. Lepradorf! Was für ein Wort! Gibt es so etwas überhaupt noch? Im 21. Jahrhundert? Ja. Dieses Dorf gibt es seit 1956. Es befindet sich 84 Kilometer südlich von Dakar, der Hauptstadt Senegals. Hier versuchen gesunde und kranke Menschen gemeinsam einem grausamen Schicksal zu trotzen. Die Kranken machen ein Drittel der Einwohner aus. Die Leprahilfe Österreich versucht diese Krankheit einzudämmen. Und da sind auch noch die Gesunden, die versuchen der Wüste zu trotzen, die sich Jahr für Jahr für weitere zehn Kilometer Richtung Atlantik frisst. Es gäbe hier viele Gründe die Flucht anzutreten.
Seit 2009 dokumentiert Joachim Bergauer den Kampf der Peulh, so heißt diese Ethnie, die ursprünglich in Südäthiopien und im Sudan beheimatet war. Sie wanderten als „Miethirten" vom Nil an die Küste Senegals. Die Peulh sind stolz. Sie haben ihre Riten, ihren Lebensrhythmus und sie haben diesen bestimmten Glanz in ihren Augen, der Joachim Bergauer schon nach seiner ersten Begegnung mit diesen Menschen gefangen nahm.

Bild: Franz Messenbäck

Bergauer ist keiner jener Fotografen, die in einen Krisenort kommen und schießwütig drauf los fotografieren. Zunächst beobachtet er sein neues Umfeld ohne seine Kamera. Er geht ins Dorf und verschwimmt solange mit den Menschen bis er in der Menge verschwunden ist. Die ersten beiden Jahre, in denen er das Dorf jeweils für ein paar Wochen besucht hat, machte er kein einziges brauchbares Foto. Er spielte Fußball mit den Jugendlichen. Bergauer wusste: Wer in Afrika im Spiel akzeptiert wird, der wird es auch in der Gemeinschaft.

Für die Kinder in M´Balling war es spannender, mich zu beobachten.

Fußball ist perfekt um Kontakt aufzunehmen. Man hat Hautkontakt, ein gemeinsames Ziel. Man nötigt dem Gegner Respekt ab (im besten Fall) und man bringt seinen Gegner zum Lachen (im allerbesten Fall). So wurde Bergauer aus einem Toubab - der Name steht herablassend für „Weißer" - unter den Erwachsenen später ein „Joachim". Was für ein Triumph!

Seit Jahren nimmt sich Bergauer nun eine Auszeit vom Wohlstand Europas und von den Europäern, die derzeit keine größere Angst kennen, als jene vor dem schwarzen Mann. Mit seiner Kamera über der Schulter schlurft er über den sandigen Boden, sucht Motive, Augenblicke und Bilder die mehr sagen als tausend Worte. Für die Peulh wurde er einer der ihren. Dafür ist Bergauer vor allem Günter Hainzl, der seit 19 Jahren das Projekt Leprahilfe im Senegal leitet, dankbar. Hainzl befeuert und bewundert zugleich die Stärke und den Überlebenswillen der Peulh. Kein Europäer würde wohl freiwillig in seiner Heimat bleiben, wenn er mit dem Rücken zum leer gefischten Meer steht und die einzige Zuverlässigkeit im Leben die Grausamkeit der Wüste ist. Vor den Küsten Senegals haben ausländische Fangflotten mit Schleppnetzen irreparable Schäden verursacht. Jetzt müssen die heimischen Fischer schon 30 Seemeilen auf den offenen Atlantik hinaus fahren. Und dennoch sinkt die Fangmenge dramatisch.
Die Niederschlagsmengen sind in den letzten Jahren sehr stark gesunken. Die natürlichen Ressourcen sind stark ausgeplündert, Preisdumping und Überschussproduktion aus Amerika, Europa und China setzt einheimische Produzenten unter Druck. Ausländische Fangflotten fischen das Meer leer und zerstören mit Schleppnetzen auch Biotope am Meeresgrund. Die heimische Fischerei leidet entsprechend: Jetzt müssen sie viele Meilen weit hinausfahren und sind bisweilen eine Woche unterwegs. Wer mag es den zumeist Jugendlichen nun verdenken, dass sie ihr Heil in der Flucht auf der 1500 Kilometer langen Seeroute zu den Kanarischen Inseln suchen. Ihr Motto: „Barça ou Barsax." Das heißt so viel wie: „Barcelona oder die Hölle". Allein 2008 starben von der Öffentlichkeit nahezu unbemerkt etwa 6000 Menschen bei den Überfahrten.

Dass Awa mit ihren 17 Jahren noch zur Schule geht ist einer der großen Erfolge der Leprahilfe. „Wir müssen jetzt die wichtigsten zwei Säulen festigen", sagt Bergauer. Diese sind ein soziales Gesundheitswesen und die Bildung. Ein paar Bilder macht er noch mit Awa, dann wendet er einen Trick an. Er tut so, als ob er aufstehen würde. Awa geht aus ihrer Rolle heraus, weil sie glaubt, sie sei fertig. Ihr eingeübter Gesichtsausdruck löst sich auf und Bergauer ruft ihr kurz „Hey" zu und drückt ab. Das Ergebnis: Das Bild einer selbstbewussten, starken Frau. „So, wie sie ist", sagt Bergauer später, während er ihr Bild bearbeitet. So wie wir sie jetzt links immer noch sehen. So ist es auch mit all den anderen Bildern. Sie entstanden aus einem

engen, vertrauensvollen Verhältnis heraus. Bergauer schlendert mit den Menschen in M'Balling durch die Gassen. Manchmal sitzt er stundenlang auf einem Fleck, in der Hoffnung, dass sich diese eine Situation ergibt, die uns reichen Europäern die Augen öffnet.
Bergauer könnte uns schockieren, indem er Fotos von den Erdlöchern macht, in die die Peulh ihre Notdurft verrichten. Die Keime gelangen ins Grundwasser und bei Starkregen gelangt der Kot wieder an die Erdoberfläche. Sogar der Regen stinkt dann bis zum Himmel. 54 Prozent der Peulh sind jünger als 20 Jahre. 21 Prozent leiden an Unterernährung. 62 Prozent sind Analphabeten. Günter Hainzl kämpft wie ein Löwe für diese Menschen.
Es grenzt an ein Wunder, dass sie alle noch nicht längst Richtung Norden aufgebrochen sind. Aber sie halten zusammen. Die Gesunden und die Leprakranken. Erst recht seit Hainzl ihnen gezeigt hat, dass diese Krankheit geheilt werden kann. Es gibt wirksame Medizin, die vom Hersteller Novartis kostenlos zur Verfügung gestellt wird. Aber weil auch die Nerven in den

Eine Straßenszene in M´Balling. In den Städten spielt sich das Leben auf den Straßen ab.

Gliedmaßen absterben, haben die Betroffenen kein Schmerzempfinden mehr. Hainzl beschreibt das so: „Es ist nicht so, dass die Glieder abfaulen. Die Menschen spüren es einfach nicht mehr, wenn sie sich zum Beispiel am Fuß verletzen. Das merken sie oft erst, wenn sie schon eine Blut- und Eiterspur nach sich ziehen. Oft bleibt dann nur noch die Amputation." Lepra ist eine Armutskrankheit. Nur ein Zehntel aller Menschen sind überhaupt für sie anfällig, und selbst dann muss ihr Immunsystem schon hinreichend geschwächt sein.
Dabei spielt die Wasserversorgung und mit ihr die sanitäre Infrastruktur eine wichtige Rolle. M'Balling hat zwar eine Verbindung zum Grundnetz der nahen Stadt M'Bour, jedoch können sich viele die Anschlussgebühren nicht leisten und sind auf die örtlichen Brunnen angewiesen. Diese können etwa sechs Meter tief gegraben werden. Nötig wären mindestens 40. Und hier kommt wieder das schnelle Wachstum des Dorfes ins Spiel. Vor 60 Jahren fanden hier noch 150 Menschen Zuflucht. Heute sind es 6400.

Bergauers Arbeit hat sich stark verändert, seit er im Lepradorf zu „Joachim" wurde. Auf der Online-Plattform 500pics zählt er seit Jahren zu den erfolgreichsten Fotografen der Welt. Neuerdings schleust er dort in dem schrillen Angebot einer selbstverliebten Wohlstandsgesellschaft immer wieder Porträts von Menschen und Alltagssituationen aus dem Lepradorf ein. Schöne Frauen, würdevolle Alte, verspielte Kinder und athletische Hünen im Ringkampf. Es ist schwer sich der Ausstrahlung dieser Menschen zu entziehen. Der weltweite Zuspruch ist enorm. Bergauer gibt ihnen so ihre Würde zurück.
Und trotzdem wird er nicht müde, die wahren Stützen dieses Projekts vor den Vorhang zu holen. Zuallererst die Gründerin der Leprahilfe, Hedy Wogowitsch. Ihr war von Anfang an klar, dass sich Erfolg nur durch „Hilfe zur Selbsthilfe" einstellen kann. Heute gibt es im Dorf bereits 250 Neubauten aus Betonziegeln mit eigenen Sanitär- und Waschanlagen. Errichtet wurden sie allesamt von Handwerkern aus dem Dorf. Die erste Markthalle war noch aus Holz. Sie wurde von Termiten zerfressen. Die neue Halle ist eine unverwüstliche Stahlbetonkonstruktion. Sie soll den Menschen signalisieren, dass hier ein Ort der Beständigkeit geschaffen wurde. Auch eine Schneiderei mit 35 Ausbildungsplätzen wurde aus dem Boden gestampft und eine Großküche eingerichtet. 190 Schwerstbehinderte werden dort täglich mit zwei warmen Mahlzeiten versorgt.
Dann ist da noch Natalie Moosmann mit dem Verein „Wissen macht stark" aus Vorarlberg. Ihrem Engagement ist es zu verdanken, dass es heute neben der Grundschule auch ein eigenes Lyceum gibt, in dem Schüler die Reifeprüfung für ein Studium in M'Bour oder Dakar ablegen können.
Und nichts wird unversucht gelassen, um den Menschen Hilfe zur Selbsthilfe zukommen zu lassen: Netze für Fischer werden gefördert, Eselfuhrwerke

für „Transportunternehmer" und Beihilfen zum Brunnenbau gewährleistet. Für größere Projekte arbeitet der Verein vor allem mit Frauen zusammen. Auch in einer von Männern dominierten Gesellschaft wie der des Senegals sind sie wichtige Impulsgeber und Akteure im Hintergrund. Wie das funktioniert schildert Hainzl anhand eines Beispiels aus der Praxis: „Der Fischer verkauft seinen Fang an seine Frau. Sie geht damit zur Markthalle und verkauft den Fang dort weiter. Den Gewinn streift sie ein."

Hainzl kämpfte 2014 nach einem Schlaganfall selbst ums Leben. Der Verein stand kurz vor der Selbstauflösung. Wie durch ein Wunder kam Hainzl wieder auf die Beine. Sie hätten ihm wohl zu sehr gefehlt - seine Peulh. Als Idealisten sieht er sich aber nicht. Es ist die menschliche Wärme dieser Menschen, die ihn so fasziniert: „Sie ertragen ihre Situation mit einer Heiterkeit, die mir in Europa noch nie begegnet ist, ohne jegliches Selbstmitleid. Für einen selbst stellt sich die Frage, ob man ihr Elend akzeptiert, oder sich beteiligt. Es geht dabei nicht um religiöse oder persönliche Ambitionen. Aber etwas Substanz möchte ich schon hinterlassen. Und selbst, wenn es den Verein einmal nicht mehr geben sollte: ‚Inshallah', wie die Senegalesen sagen. Sie werden trotzdem überleben."

Und dass sie auch niemals in Vergessenheit geraten, dazu tragen die Bilder von Joachim Bergauer bei. Er bewahrt damit das Andenken von Menschen, die beim Anblick fremder Menschen immer ein Lächeln im Gesicht tragen.

Kadiata: Eine Pheul die ich seit ihrem 8. Lebensjahr begleite und portraitiere. Bis zu ihrer Volljährigkeit werde ich ihren Lebensweg noch verfolgen.

AFRIKA - M`BALLING

Drei Dinge muss der Mensch wissen, um gut zu leben:
Was für ihn zu viel, was für ihn zu wenig, und was genau richtig ist.

Dakar
M`bour
M`Balling
Algerien
Westsahara
Mauretanien
Mali
Senegal
Dakar
M`Balling
Gambia
Guinea-Bissau
Guinea
Burkina
Faso
Benin
Sierra Leone
Ghana
Togo
Elfenbeinküste
Liberia

DORF

Das Dorf ist immer in Bewegung. Das Leben wird durch offenen Türen bestimmt.
Nutztiere gehören zum Lebensraum.

APR

Seite 14-15
Ein typisches Bild vom Dorf mit den bezeichnenden Bauwerken. Im Ort ist das häufigste Transportmittel der Eselkarren.

Seite 16
Wenn bekannte Politiker das Dorf besuchen, werden die schweren Kolonialsesseln, die von den Franzosen eingeführt wurden, ausgepackt und als Sitzgelegenheit angeboten.

Seite 17
Eine Autowerkstatt im Dorf. Mit welchen Tricks Autos repariert werden verblüfft mich immer wieder.

Saër
Thiaga
DEFENCE FORCE
I.D.F. צ.ה.ל.

Seite 18-19
Ein normales Straßenbild in M´Balling.

Seite 20
Eine Dorfszene: Ausgelassen spielen die Kinder im Sand.

Seite 21
Eselrennen in M´Balling:
Zum Staatsfeiertag werden Aktivitäten wie Sackhüpfen, Tanzen sowie Sprintbewerbe und Eselrennen veranstaltet.

Seite 22-23
Der Vogelreichtum in Senegal ist atemberaubend und einer der größten auf der Welt.

Seite 24
Die alten ausrangierten Wägen kommen von den Industrieländern. Wenn sie ausgedient haben, werden sie stehen gelassen.

Seite 25
Mittagszeit. Vor der Schule warten die Mütter auf die Kinder und geben ihnen Brote sowie ein bisschen Obst.

SEN-PAIC
magic-paint

Das Fotografieren betrachten die Kinder als Spiel.
Meistens rennen sie weg und kreischen laut, dass ich ihnen doch folgen soll. In diesem Fall war der Kleine nicht bereit für das Spiel.

Hochzeit. Wenn ein Paar heiratet, tragen die Mädchen ihre selbstgeschneiderten Gewänder.

123
Stadium

GUEYE
012

Obwohl M´Balling am Meer liegt, können die meisten Bewohner nicht schwimmen. Für die Kinder sind die Boote ein beliebter Platz zum Spielen.

FESTE

Ein Pheul mit seinem traditionellen Kopfschmuck.

Tabaski, auch Opfer- oder Hammelfest genannt, ist der höchste islamische Feiertag und wird zwei Monate nach dem Ende des Ramadan gefeiert.

Seite 36-37
Die ganze Familie möchte sich zum Fest neu einkleiden. Hochsaison für Stoffhändler und Schneider; in den letzten Tagen davor arbeiten sie Tag und Nacht und hoffen, dass der Strom nicht ausfällt.

Seite 38
Angesehene Sängerinnen reisen von Ort zu Ort. Meistens handeln deren Texte von Menschen, die sie sehr schätzen.

Seite 39
Dazu wird ausgelassen getanzt.

WIRTSCHAFT

Handel ist in M´Balling sehr spärlich. Grundsätzlich hat der Senegal den Status eines Entwicklungslandes, ist jedoch im Vergleich zu anderen westafrikanischen Ländern weiter entwickelt, was die Produkte im Regionalvergleich überteuert wirken lässt. Meistens verkaufen die Händler eine Handvoll Minitomaten, die auf den größeren Märkten günstiger angeboten werden. Die billigsten Tomaten werden von Holland nach Senegal gebracht.

Seite 42-45
Die Fischerei ist inzwischen der wichtigste Wirtschaftszweig, da die Küstengewässer des Senegals reiche Fischfanggründe aufweisen. Die senegalesischen Kleinfischer können die lokalen und regionalen Märkte ausreichend versorgen. Die Fangrechte für Hochseefischerei sind jedoch an Japan und Südkorea verkauft. Insgesamt stellt der Fischfang heute das wichtigste Exportgut Senegals dar (28,5 Prozent) und hat den früher dominierenden Erdnussanbau abgelöst.

D. M W.M
SANTE YALLA

Seite 46-47
Die Schneiderei in M´Balling. Viele Mädchen werden hier ausgebildet, denn den Frauen ist es wichtig, die Kunst der Schneiderei zu lernen. Die Leprahilfe ermöglicht einen Ausbildungsort.

Seite 48
Die Räucherei. Bei meinem letzten Besuch 2017 wurde sie geschlossen, da zu wenig Fisch gefangen wurde.

Seite 49
Man befindet sich in einer anderen Zeit, wenn man eine Schneiderei betritt.

Scott's

LEPRA

Jedesmal, wenn ein guter Mensch stirbt,
ist es, als brenne eine Bibliothek ab.

Seite 52-53
Im 21. Jahrhundert hat man das Gefühl, dass Lepra ausgestorben ist. Leider steigt durch Wasserarmut und Keime sowie Weitervererbung diese Krankheit (bedingt auch durch die Klimaverschiebung) stetig an.

Seite 54-65
Eines meiner Projekte bestand darin, ein Studio in Senegal zu errichten und Leprakranke zu illustrieren. Das waren für mich die nettesten Begegnungen die ich erleben durfte. Es war neu für mich, wie Leprakranke in Senegal mit der Krankheit umgehen. Sie wird über die Jahre zur Normalität der Dorfbewohner und schließlich auch für mich.

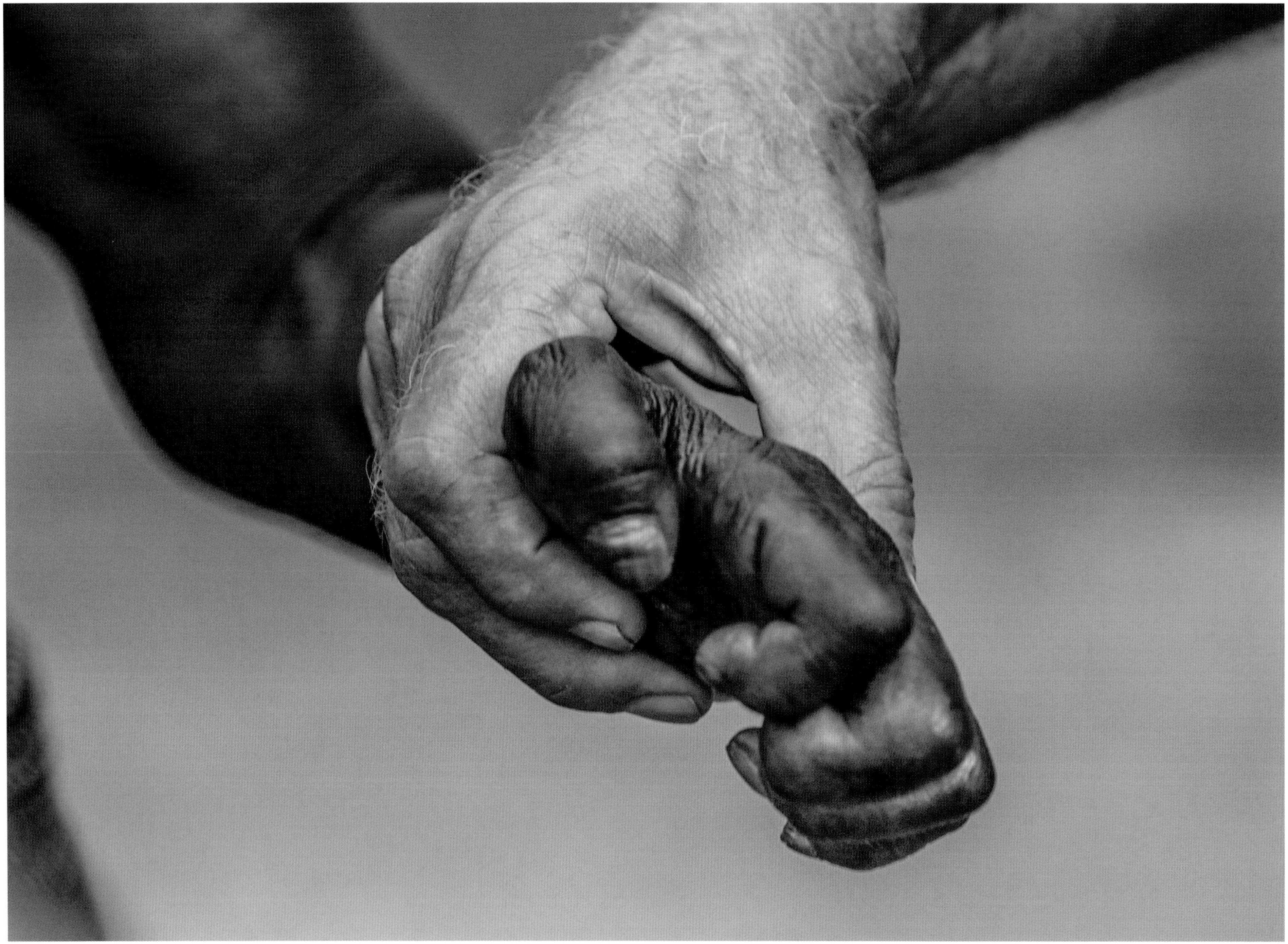

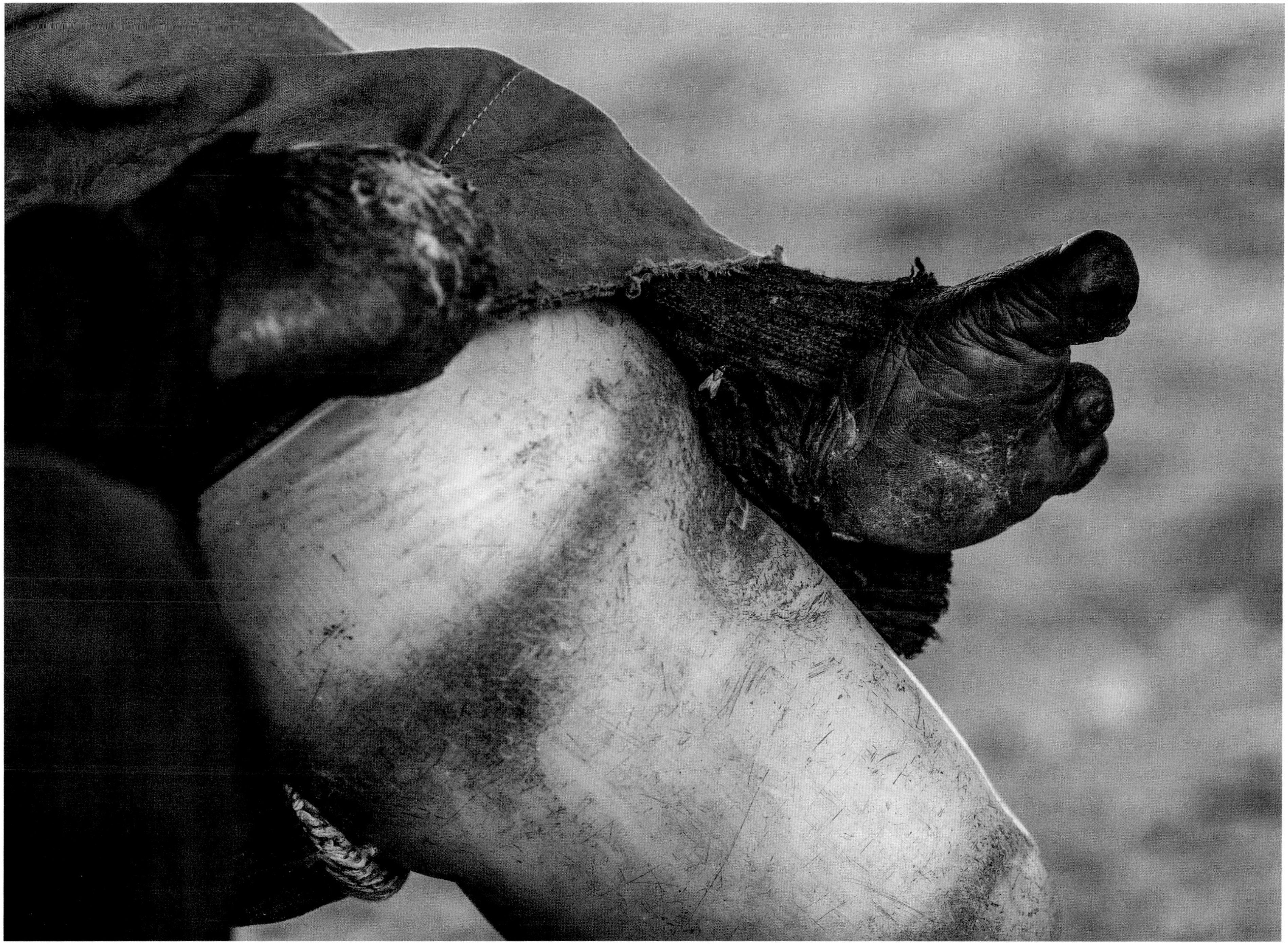

SCHÖNHEIT

In M´Balling leben mehrere Ethnien zusammen. Daraus ergibt sich eine Mischung an Männer und Frauen die wir einfach nur als schön empfinden.

Ein Nomadenmädchen wartet im Warteraum der Leprastation.

Seite 70-71
Astou auf Besuch im Dorf. Sie heiratete einen österreichischen Musiker und lebt heute mit ihm in Wien.

Seite 72-73
Zu Besuch bei den Pheul-Geschwistern. Sie wussten, dass ich kam und freuten sich auf neue Bilder.

Seite 74-75
Nach Jahren bekam ich das Vertrauen und viele wollten vor die Kamera.

Seite 76-77
Kadiata - ein Moment, der nicht gestellt war.

Seite 78-79
Die Anmut der Senegalesinnen ist atemberaubend schön.

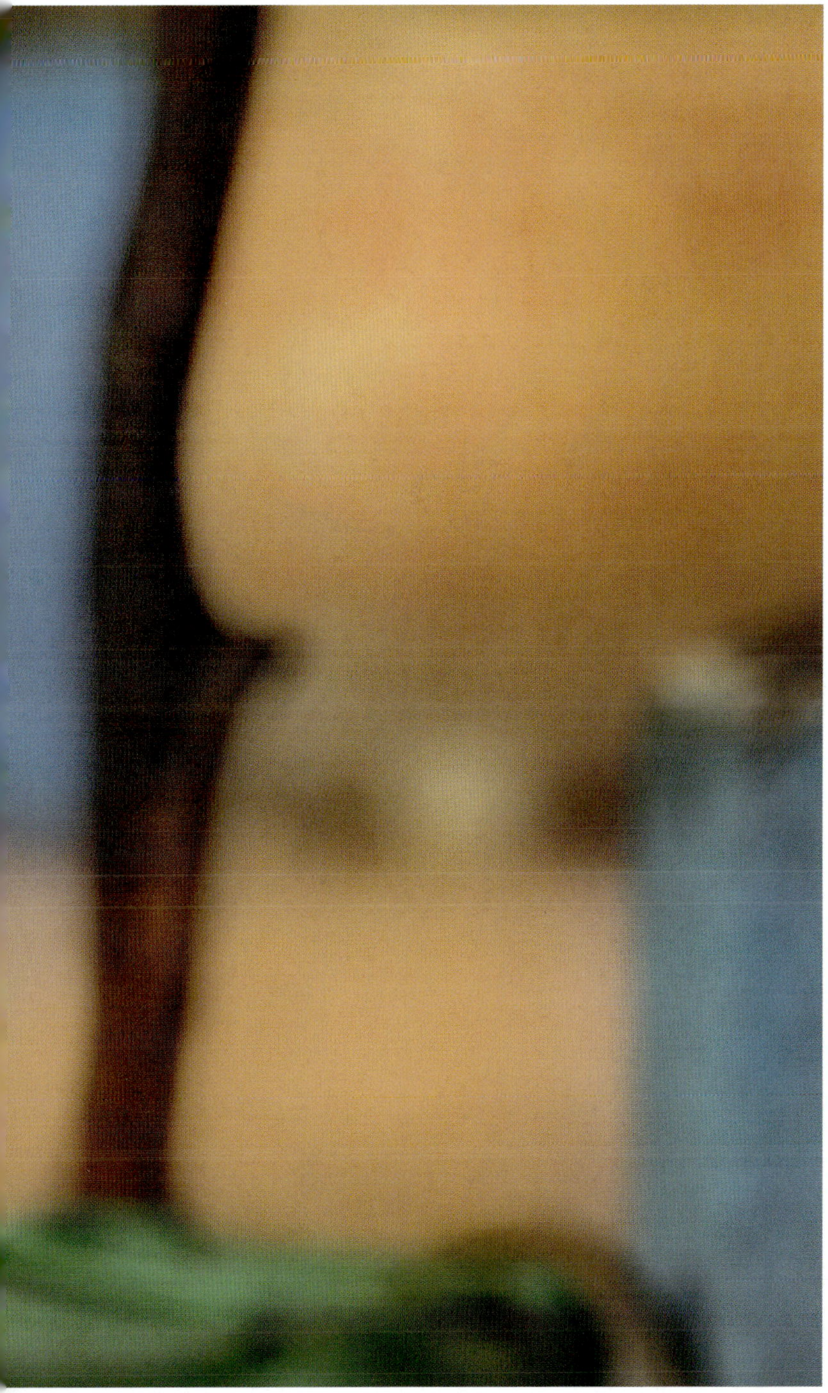

Diese Szene entstand auf dem Hauptplatz, an dem der Brunnen ist.
Durch die tiefliegende Sonne färbte sich die Gegend und der Sand rötlich.

Kadiata mit 8 Jahren. Es war das erste Bild, das ich von Ihr machte.

Seite 84-89
Der Status der Frau: In einer stabilen Ehe befragt der Mann seine Frau, wenn er sich mit dem Gedanken befasst, eine zweite Frau zu nehmen. Es hat eine eigene Ordnung. Für die Frau kann es eine Arbeitserleichterung sein.
Zum besseren Verständnis: Im Senegal sind es die Frauen, die den Familienbetrieb verwalten. Sie versorgen die Männer, ziehen die Kinder groß und kümmern sich um wirtschaftliche Anliegen.

In polygamen Gesellschaften ist es für eine Frau nicht automatisch Betrug, wenn Ihr Mann eine zweite oder dritte Frau heiratet. Es wird oft neutral gesehen und ist für die Frauen nicht unbedingt verletzend oder herabsetzend. Der Mann benötigt die Zustimmung seiner Frau und muss bereits bei der Hochzeit festlegen, ob er eine monogame oder eine polygame Ehe führen will.

SPORT

Zwei Sportarten dominieren im Senegal, das senegalesische Ringen und der Fußball.

Seite 92-93
Wie in jeder Kultur ist der Wettkampf eine Herausforderung und die Sieger sind Helden.

Seite 94-95
Gambisches Wrestling: Für das Gambische Wrestling trifft sich die Bevölkerung am Wochenende, nachmittags auf einem freien Platz im Dorf (Banta-Ba), um die Ringer, die nur mit einem Lendenschurz bekleidet sind, beim Kämpfen zu beobachten. Die Ringer versuchen, sich mit allen möglichen Glücksritualen zu beeinflussen; so werden Jujus (Glücksamulette) umgehängt oder vorher die heiligen Krokodilbecken von Kachikally oder Berending besucht.
Diese Bilder entstanden am Strand. Das Licht stand tief und es war für mich ein imposantes Schauspiel. Die Ringer übten abends am Strand.

Seite 96-98
Fussball ist neben dem gambischen Wrestling der Hauptsport. Der Sprung in eine europäische Liga ist in den Köpfen der Kinder nicht wegzudenken.

Seite 99
Das Spiel ist zu Ende. Der Sandplatz wird gestürmt.

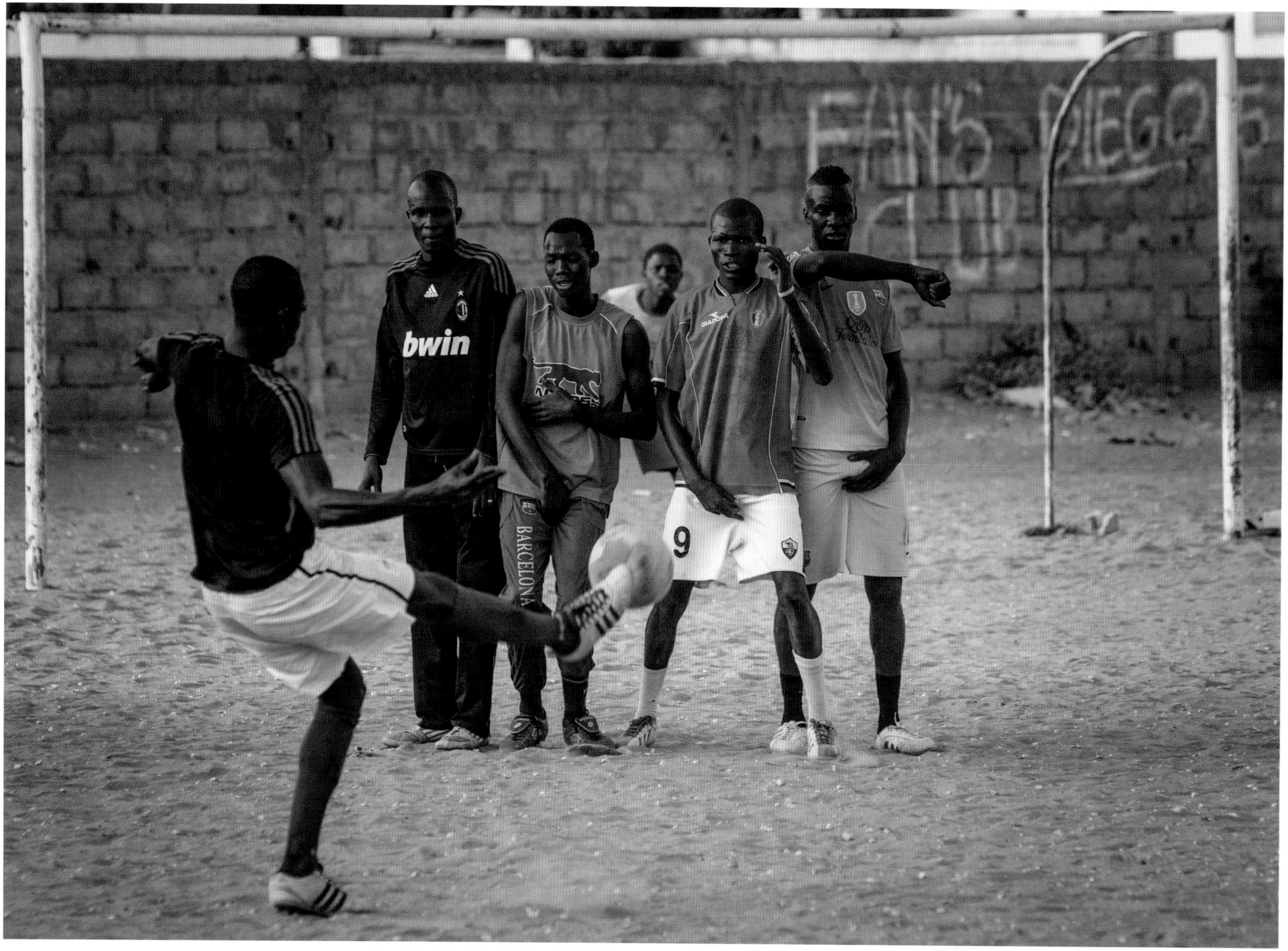
FAN'S DIEGO
CLUB
bwin
BARCELONA
9

Nach dem Kampf ist vor dem Kampf.

JUGEND

Wer keinen Mut hat zum Träumen,
hat auch keine Kraft zum Kämpfen.

Senegalesiches Gedicht

Die Bevölkerung von Senegal zählt 15.416.000 Menschen (2016), davon sind etwa 58 Prozent unter 20 Jahre alt.

Nach der Schule.

Diabetes ist ein Problem in Senegal. Süßigkeiten sind leicht erhältlich. Auch der traditionelle Tee (den sogenannten Attaya) wird mit übertrieben viel Zucker zubereitet.

Kinderarbeit ist im Senegal nicht ungewöhnlich.
Die Kinder arbeiten als Hirten oder im Verkauf.

An einem Morgen ging ich in das Dorf um Brot zu kaufen. Nach Verlassen des schwer vergitterten Ladens, strahlte mich das Mädchen an.
Solche Augenblicke sind der Grund, warum ich dieses Land und seine Menschen schätze. Man ist hier Exote, aber dafür ein interessanter Exote!

Seite 124-125
Ein Mädchen vor der Tür der Leprastation. Täglich kommen Jugendliche und Ältere um ihr Anliegen zu unterbreiten. Meist geht es um durchgelegene Matratzen oder Arztrechnungen.

Seite 128
Günter Hainzl - der Leiter des Lepradorfes hat eine ganz spezielle und tiefe Beziehung zu den Senegalesen und insbesondere zu den Pheul. Er wird überall akzeptiert und von den Kindern als Vaterfigur angesehen. Das ist ein Bild, das ich „The Photographer" nannte.

Leben mit den Pheul. Die Pheul haben einen ähnlichen Status wie die Roma in Europa. Das dürfte aus ihrer Vergangenheit als Zugereiste stammen.

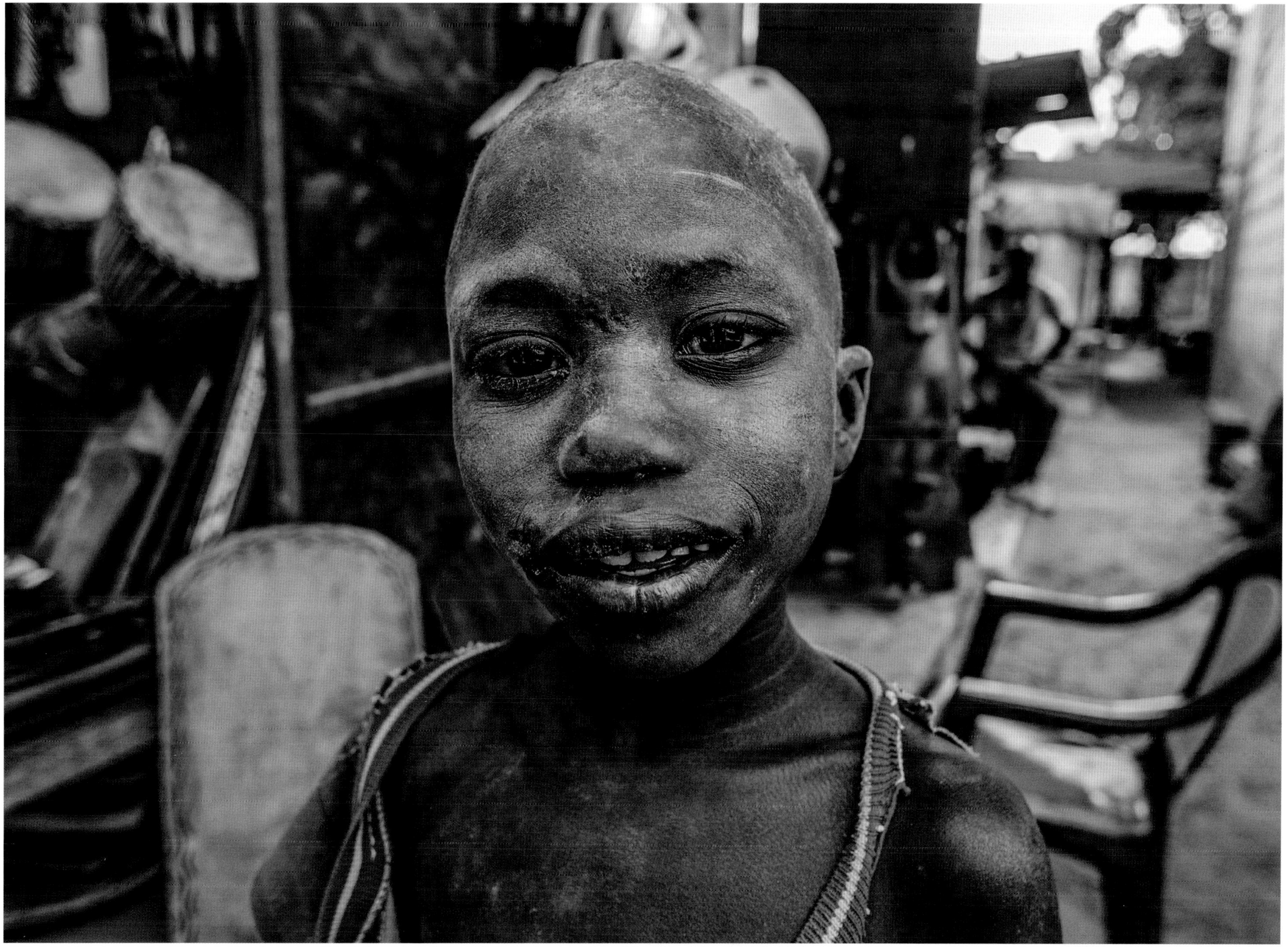

IMPRESSIONEN

Ein gelassener Mensch kann sogar Steine weich kochen
und den Sud genießen.

Die folgenden Impressionen sind in M'Balling und in M´Bour (der größten Fischerstadt im Senegal) enstanden. Sie beschreiben die Menschen und ihre Tätigkeiten, den langsamen Beginn der Digitalisierung und ihr Handwerk. Auch ihre Skepsis und die umliegende Vegetation werden zum Ausdruck gebracht.

Der Senegal zählt zu den inspirierendsten Ländern, die ich bisher besuchen durfte. Die Magie dieses Landes wird mich immer umgeben und nicht mehr loslassen.

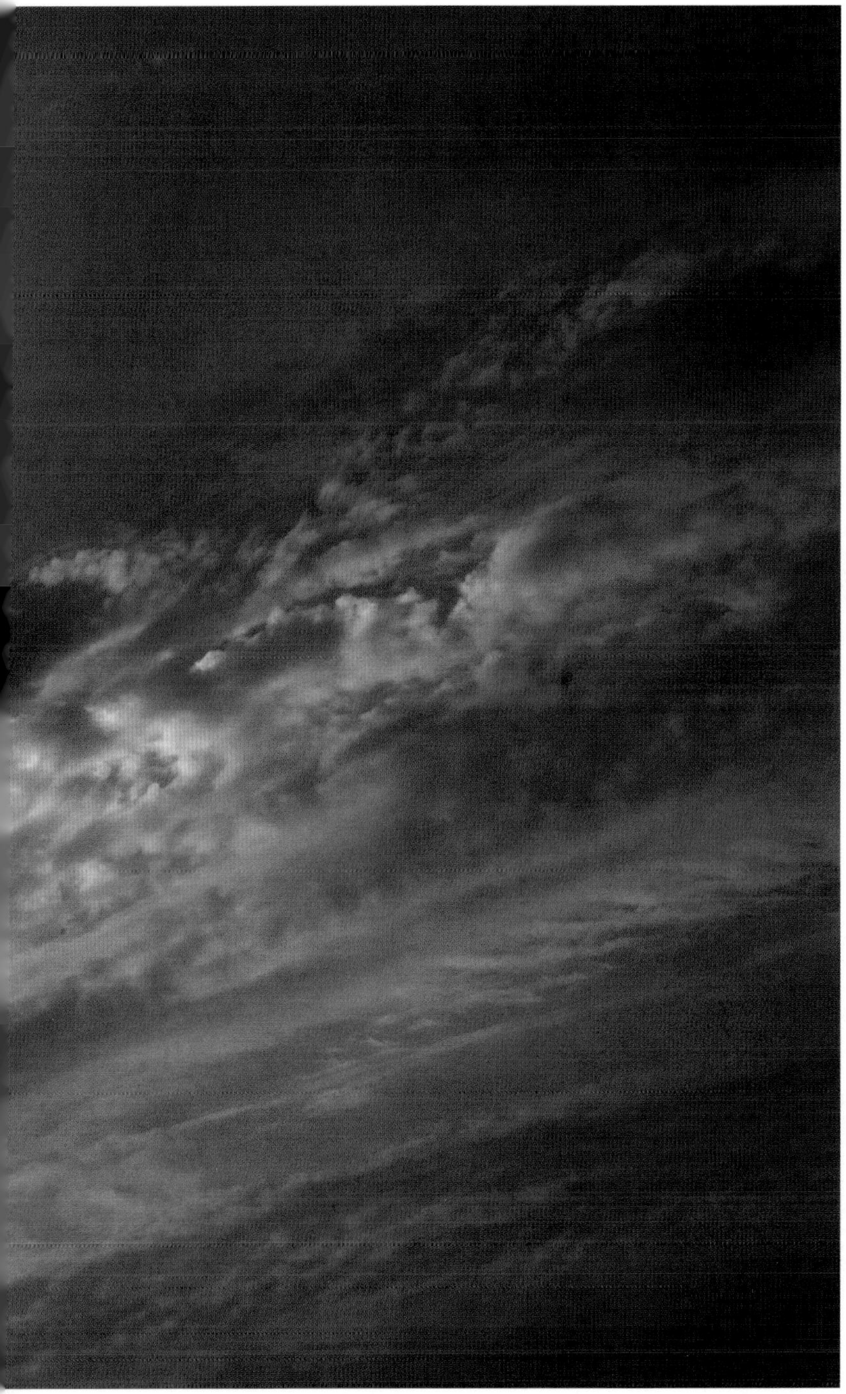

Conco

KÜNSTLER

Trierenberg Super Circuit Gold Portrait 2017

PX3 Grand Prix France Winner 2017

Karl Weiser Preis 2016

FEP – European Photographer 2015

1. Platz Staatspreis Traumseher Kategorie Werbung 2015

2. Platz Traumseher Profifotograf Kategorie Werbung 2015

1. Platz Traumseher Profifotograf Kategorie Reportage 2015

4x Gold European Newspaper Award (PUR Magazin) 2012

3x Gold European Newspaper Award (PUR Magazin) 2011

2. Platz Traumseher Award 2010

S@lzburger des Jahres 2008

Weltweiter Werbeträger für Hasselblad seit 2006

Mein Einstieg in die Fotografie erfolgte während der Jugendzeit durch das Produzieren von Kurzfilmen. Journalistische Erfahrung sammelte ich im österreichischen Boulevard während meiner langjährigen Tätigkeit als Pressefotograf.

In den 1990er Jahren gründete ich mit zwei Assistenten ein Unternehmen und spezialisierte mich auf Image-, Werbe- und Kunstfotografie sowie den Schwerpunkt Bildbearbeitung. Ich wurde seither gerne als freier Fotograf von diversen Firmen, Werbeagenturen und Magazinen (New York Times, Spiegel, Profil, ...) im In- und Ausland gebucht.

Auch die künstlerische Seite kommt nicht zu kurz, deswegen konnte ich bei internationalen und nationalen Ausstellungen schon mehrmals meine Werke unter großer Beachtung präsentieren.

2014 konnte ich mir einen Traum erfüllen, mein neues Studio wurde eröffnet. Das STUDIO B in Salzburg ist ein vollständig ausgestattetes, 180 Quadratmeter großes Fotostudio. Seither genießen zahlreiche lokale Fotografen, international bekannte Berühmtheiten und Models sowie Veranstalter den besonderen Flair des hellen, offenen Miet-Studios, welches allen denkbaren Anforderungen gerecht wird und auch günstig zu mieten ist.

Den Staatspreis für Werbefotografie und den FEP erhielt ich 2015. Weiters darf ich im deutschen Raum für den bpp – bund professioneller portraitfotografen Vorträge über die Fotografie halten. Nach dem Staatspreis erhielt ich 2016 den Karl Weiser Preis.

2017 wurde ich mit dem Grand Prix PX3 als Winner für die Serie „Bettler in Salzburg" und danach mit der Goldmedaille für die Kategorie „Portrait" des Trierenberg Super Circuit ausgezeichnet.

1. Edition November 2017

ISBN: 978-3-903078-17-8

Artbook
Dennis de Kort
5020 Salzburg, Forellenweg 35
www.artbook.at

Salzburger Nachrichten
Salzburger Nachrichten VerlagsgesmbH & Co KG, www.SN.at

Layout: www.bergauer.cc
Printed by Aumayer Druck und Verlag Ges.m.b.H. & Co KG, www.aumayer.co.at

A BERGAUER PRODUCT